# 공장식 농장, 지구가 아파요!

**공장식 농장, 지구가 아파요!**

**초판 발행** 2021년 10월 10일  **초판 3쇄 발행** 2022년 6월 20일
**지은이** 데이비드 웨스트 · 올리버 웨스트  **옮긴이** 이종원
**펴낸곳** 지구별어린이  **펴낸이** 진영희  **출판등록** 2005년 8월 4일
**주소** 10403 경기도 고양시 일산동구 백마로 223, 630호
**전화번호** 031-905-9435  **팩스** 031-907-9438
**전자우편** touchart@naver.com  **ISBN** 979-11-87936-45-9 77450

* 지구별어린이는 터치아트의 어린이책 브랜드입니다.

WHAT ON EARTH IS?: INTENSIVE FARMING
Copyright © 2020 by David West Children's Books
All rights reserved.
This Korean edition was published by TouchArt Publishing Co., Ltd. in 2021 by arrangement with
DAVID WEST CHILDREN'S BOOKS through KCC(Korea Copyright Center Inc.), Seoul.

이 책은 (주)한국저작권센터(KCC)를 통한 저작권자와의 독점계약으로 (주)터치아트에서 출간되었습니다.
저작권법에 의해 한국 내에서 보호를 받는 저작물이므로 무단전재와 복제를 금합니다.

* KC마크는 이 제품이 공통안전기준에 적합함을 의미합니다.

**모델명:** 공장식 농장, 지구가 아파요!  **제조년월:** 2022. 6. 20  **제조자명:** 지구별어린이
**제조국:** 대한민국  **주소:** 경기도 고양시 일산동구 백마로 223, 630호  **전화번호:** 031-905-9435

# 공장식 농장, 지구가 아파요!

데이비드 웨스트 · 올리버 웨스트 지음 | 이종원 옮김

지구별어린이

**지은이 데이비드 웨스트**

대학에서 그래픽 디자인을 공부하고 35년 넘게 어린이책을 만들고 있습니다.
어린이들의 호기심을 채워 주는 과학, 자연, 역사 등 다양한 분야의 논픽션 그림책을 만듭니다.
그가 쓴 책들은 영국, 미국을 비롯해 전 세계의 주요 어린이 추천 도서 목록에 선정되었으며,
미국에서는 주요 상을 받았습니다. 우리나라에 소개된 책으로《기후 위기, 지구가 아파요!》,
《환경 오염, 지구가 아파요!》 등이 있습니다. 현재 런던에 살고 있습니다.

**지은이 올리버 웨스트**

대학에서 3차원 컴퓨터 애니메이션을 공부하고 출판 분야에서 10년 넘게 일했습니다.
과학, 우주, 환경, 역사 등 다양한 분야의 책을 쓰고 디자인합니다.
현재 런던에 살고 있습니다.

**옮긴이 이종원**

1989년 서울 출생. 미국 워싱턴대학교(University of Washington)에서 미술사를 전공,
현대미술과 뉴미디어를 공부했습니다. 현재는 그림책 번역과 다양한 분야의 영상 제작을
하고 있습니다. 옮긴 책으로《안녕, 물!》,《옆집엔 누가 살까?》,《고래》,《늑대》,
《환경 오염, 지구가 아파요!》 등이 있습니다.

## 차례

혼잡한 지구 · 6     세계 인구 100억 명! · 7

기술 발전과 공장식 농장 · 8     새로운 품종 개발 · 12

화학 비료 · 13     살충제와 제초제 · 14

질산염과 녹조 현상 · 16     땅의 질이 나빠졌어요 · 17

공장식 농장과 동물 복지 · 18     가축 배설물과 메탄가스 · 20

항생제와 더욱 강력한 세균 · 22

대규모 양식장의 문제들 · 24

사람과 동물이 살기 힘든 땅 · 27

열대 우림이 사라지고 있어요 · 28

유기 농업과 도시 농장 · 30     새로운 농사법 · 32

용어 설명(본문 중 *표가 있는 낱말) · 33

우리가 살고 있는 지구는 바쁘게 돌아가고
인구는 계속 늘어나고 있어요.

**2050년**에는 **지구의 인구**가 **100억**(10,000,000,000) **명**에 이른다고 해요.

이 많은 사람들이 모두 먹고 살려면
식량도 지금보다 50퍼센트는 더 생산해야 한대요.

인구가 늘어나면서 오늘날에는
식량을 더 많이 생산하기 위해
**농사짓는 방법**도 달라지고 있어요.

선진국의 대형 슈퍼마켓에서 파는
**고기**, **달걀**, **과일**, **채소**, **우유** 등 대부분은
**공장식 농장**에서 생산한 것들이에요.

공장식 농장에서는 생산비를 낮추기 위해 대규모로 농사를 짓고
가축을 기르기 때문에 식료품을 싼 가격에 공급할 수 있어요.

# **공장식 농장**은
선진국뿐만 아니라 전 세계로
빠르게 퍼져 나가고 있어요.

어떤 농장은 옥수수, 콩, 밀, 파인애플과 같은 농작물 가운데 한 종류만 매년 같은 땅에서 심고 수확해요. 이것을 단일 작물 재배라고 해요.

## 새롭고 혁신적인 농업 기술 덕분에 이전에 비해 농작물을 훨씬 많이 생산하고 판매할 수 있게 되었어요.

콩을 수확하여 공장으로 보낸 후 가공*, 냉동, 포장하는 데까지 150분 정도밖에 걸리지 않는다고 해요.

# 옥수수, 밀, 쌀 등은 **새로운 품종**을 개발해 **생산량이 엄청나게 늘었어요.**

밀의 경우 이전에 심던 품종은 약 120센티미터까지 자라는데 비해
새 품종은 60센티미터 정도까지 자라기 때문에
영양분을 빨리 흡수할 수 있고 바람에 쓰러질 위험도 줄었어요.

농작물이 빨리 자랄 수 있게 도와주는
**화학 비료**를 사용하면 같은 면적에서
**더 많은 양을 수확할 수 있어요.**

농작물이 성장하는 데 꼭 필요한 질산염*과 인산염*이
화학 비료의 주요 성분입니다.

생산량을 늘리려면
**살충제**\*와 **제초제**\*를 사용해
농작물이 자라는 것을 방해하는
해충과 잡초를 없애야 해요.

한 가지 작물을 재배하면서 생산량을 늘리기 위해서는
화학 비료뿐만 아니라 살충제와 제초제를 많이 사용해야 해요.

그런데 대규모로 농사를 짓는 **공장식 농장**은 **지구 환경**에 미처 생각지 못한 **나쁜 영향**을 끼쳐요.

살충제는 해충을 없애 농작물의 성장을 돕지만 생태계에 이로운 곤충까지 모두 죽여요. 예를 들어 과일이나 채소의 수분*에 중요한 역할을 하는 꿀벌도 죽이지요.

**화학 비료**의 주요 성분인 **질산염**이
호수나 강으로 흘러들어 가면
**바다 생태계**가 파괴됩니다.

바다로 흘러든 질산염은 녹조를 대량으로 번식시키는데 이를 녹조 현상이라고 해요.
녹조가 죽으면서 박테리아*가 발생해 주변의 산소를 모두 써 버리면
물고기와 수초 같은 바닷속에서 사는 생물이 산소 부족으로 죽습니다.

# 생산량을 늘리기 위해 사용한 화학 비료 때문에 **땅의 질이 나빠졌어요.**

땅에서 영양소가 많이 빠져나가 오늘날 채소나 과일 속 영양분은 70년 전에 비해 훨씬 줄어들었어요. 과학자들은 농업 생산량으로 따지면 과거의 60퍼센트 정도밖에 안 되는 수준이라고 이야기해요.

17

# 소, 돼지, 닭, 물고기도 공장식 농장이나 양식장에서 기르는 곳이 점점 늘어나고 있어요.

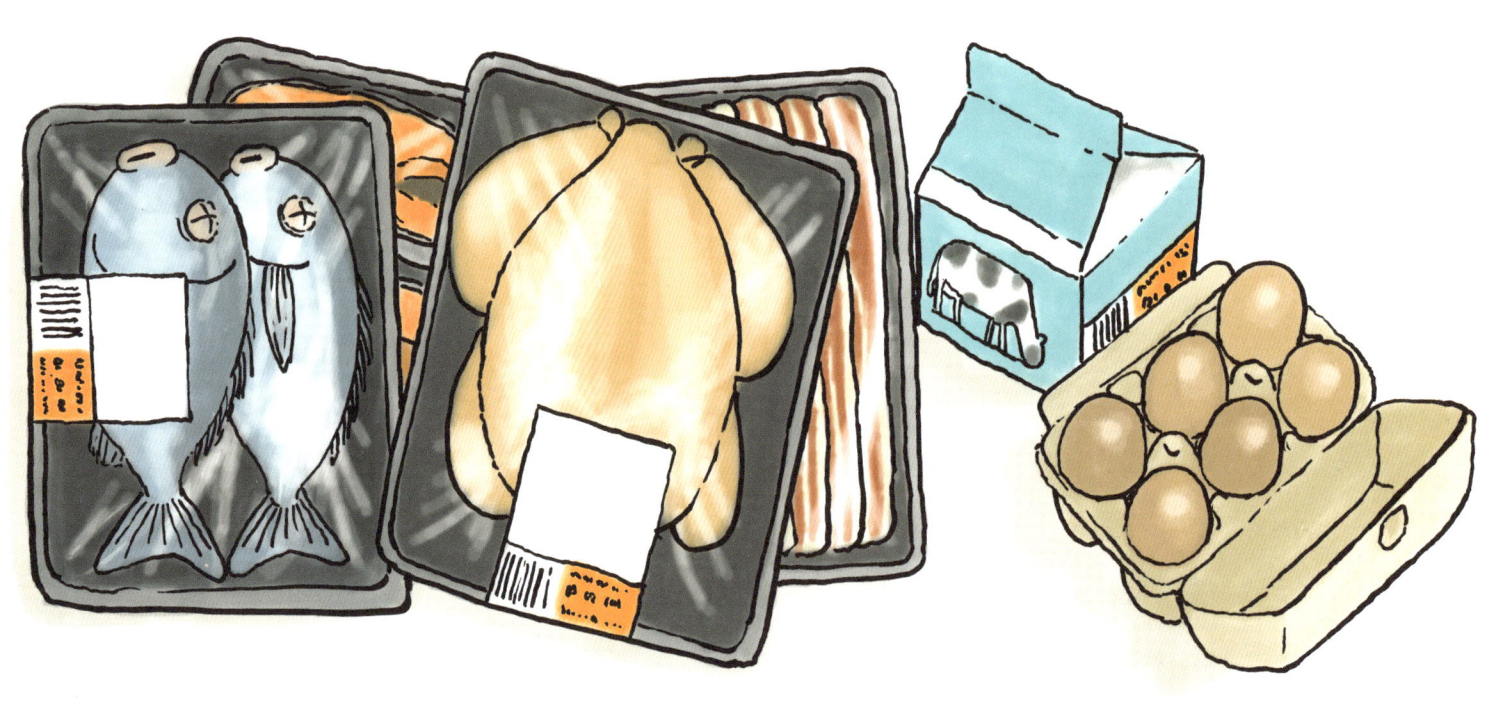

공장식 농장과 양식장의 주요 생산품은 생선과 육류, 우유, 달걀 등입니다.

공장식 농장의 생활 환경은
**동물 복지**\*나 **동물 보호** 면에서
**심각한 문제들**이 있어요.

여러 농장에서 비위생적인 돼지우리, 철창으로 만든 닭장 등
좁은 공간에 많은 수의 가축을 가두어 키워요. 심지어 일부 농장에서는
가축우리의 온도와 빛을 자동으로 조절해 가축이 빨리 자라는 환경을 만들어요.

# 공장식 농장에서는 가축의 배설물*로 퇴비*를 생산해요. 또한 가축들은 엄청난 양의 메탄가스*를 내뿜어요.

퇴비에서 나오는 질산염은 화학 비료에서 나오는 질산염과 마찬가지로 환경에 나쁜 영향을 미칩니다. 농장에서 액체가 된 퇴비를 땅에 뿌릴 때 보통은 농작물이 흡수하는 양보다 훨씬 많은 양을 뿌린다고 해요. 농작물이 흡수하고 남은 질산염이 공기와 물을 오염시켜요.

온실가스*는 태양열을 대기에 가두어 지구를 뜨겁게 만들어요.

소가 트림을 하거나 방귀를 뀔 때 메탄가스가 나와요.
메탄가스는 가장 강력한 온실가스로
공기 중에 열을 가두어 지구 온난화를 빨라지게 합니다.

**공장식 농장**에서는 **여러 마리의 동물**을 **좁은 공간**에 가두어 키우기 때문에 병이 쉽게 전염돼요.

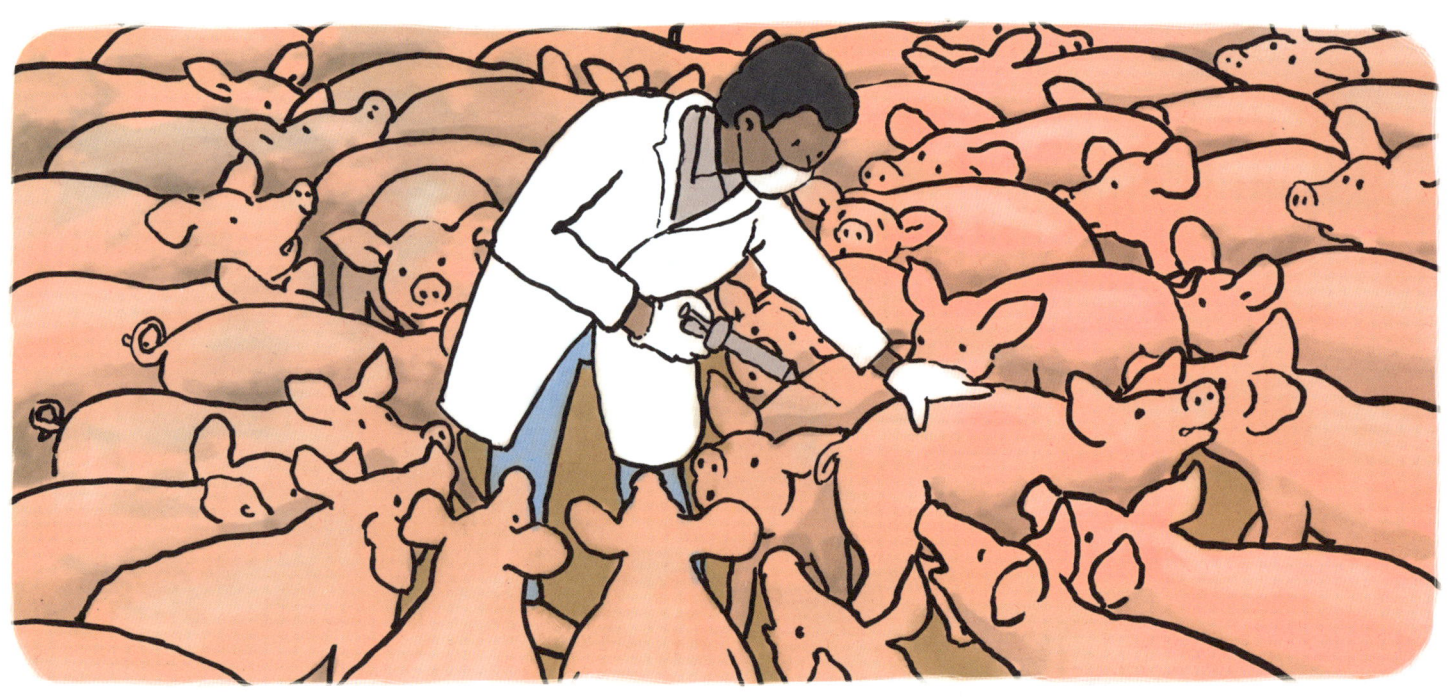

공장식 농장에서는 소, 돼지, 닭 등의 가축에 항생제* 주사를 놓아 질병을 치료하거나 전염병이 번지는 것을 막습니다. 심지어 건강한 가축에도 항생제 주사를 놓아 해로운 세균이 증식하는 것을 막고 가축이 빨리 성장할 수 있게 하지요.

# 해로운 세균을 죽이는 **항생제**를 너무 많이 쓰면 나중에는 항생제에도 죽지 않는 더욱 **강력한 세균**이 생겨나요.

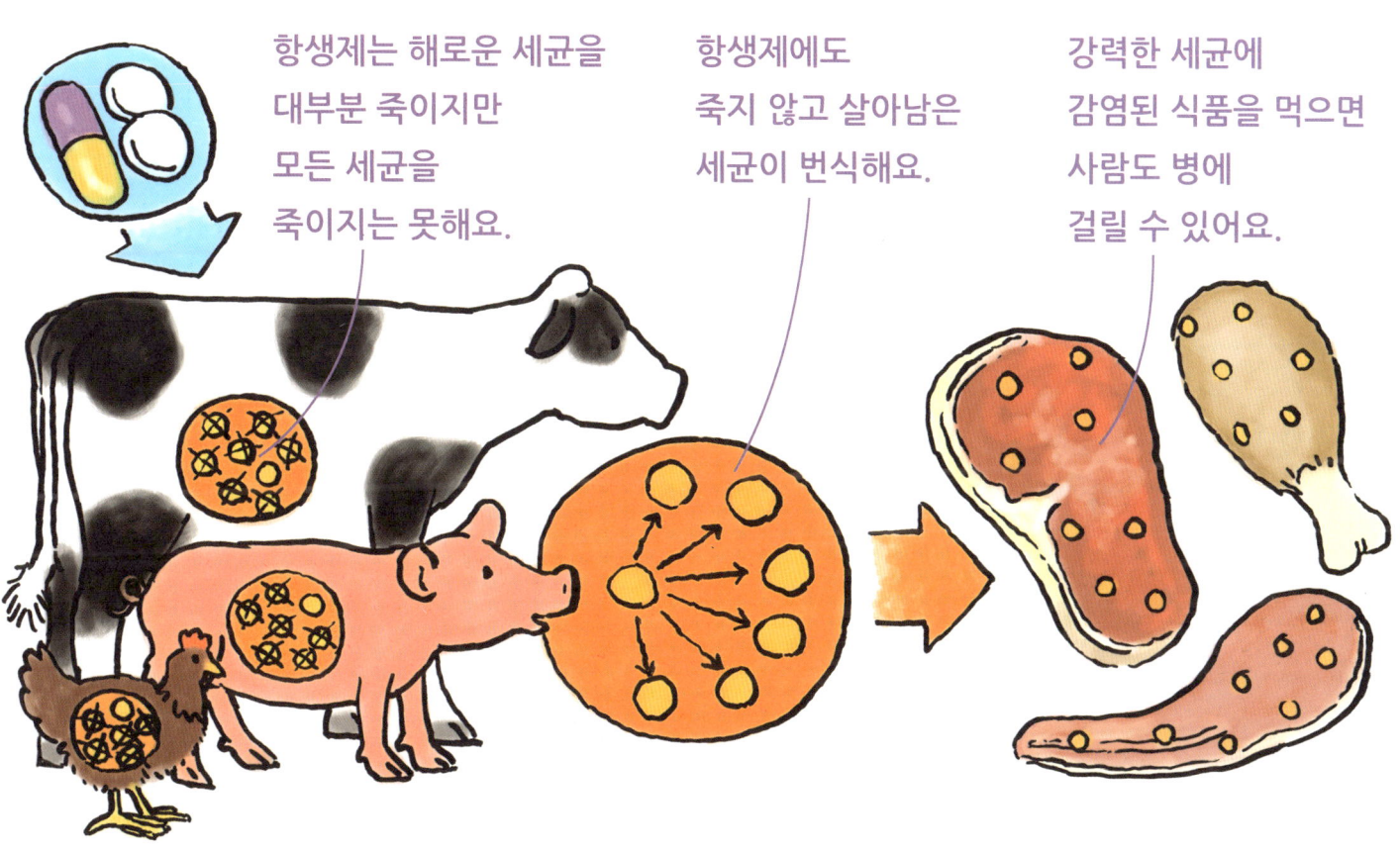

항생제는 해로운 세균을 대부분 죽이지만 모든 세균을 죽이지는 못해요.

항생제에도 죽지 않고 살아남은 세균이 번식해요.

강력한 세균에 감염된 식품을 먹으면 사람도 병에 걸릴 수 있어요.

항생제를 너무 많이, 자주 사용하는 것은 결국 더욱 강한 세균을 키워 사람이나 동물에게 항생제가 듣지 않도록 만들어요.

바다에서 물고기를 마구 잡아들여
**자연산 물고기**가 점점 줄고 있어요.
**공장식 양식장**에서 물고기를 필요한 만큼
충분히 공급할 수 있게 되었지만

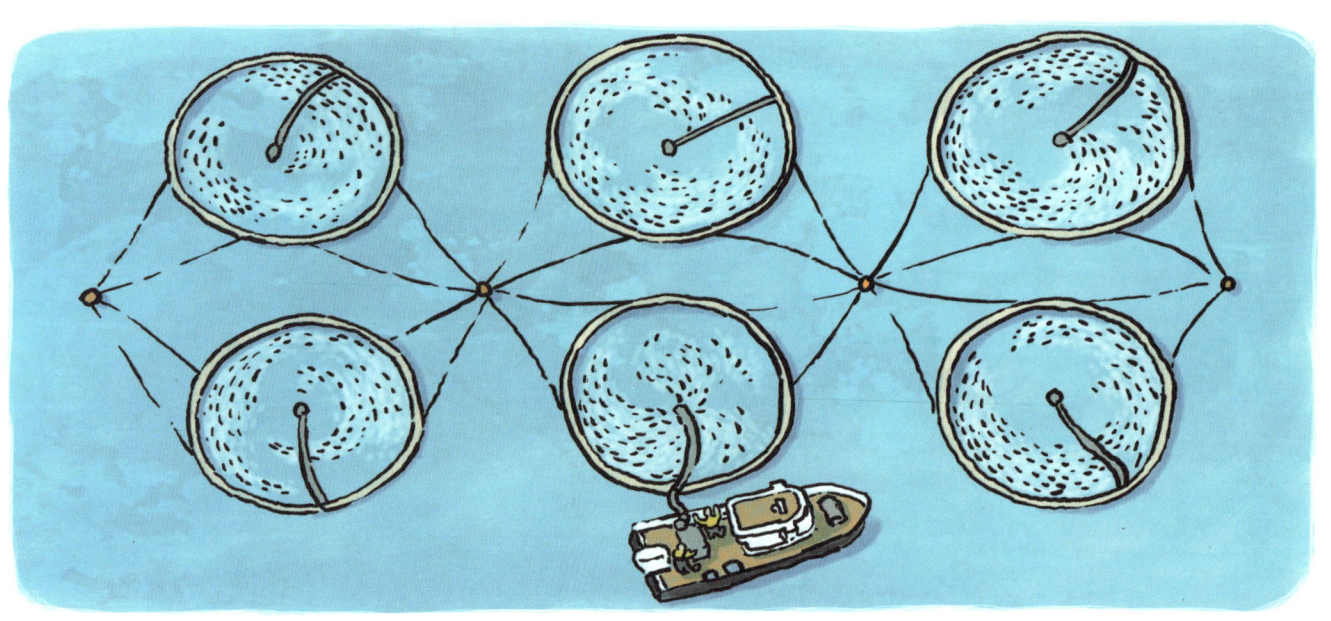

물고기를 **인공적으로 길러서 번식시키는**
양식장도 많은 문제를 일으켜요.

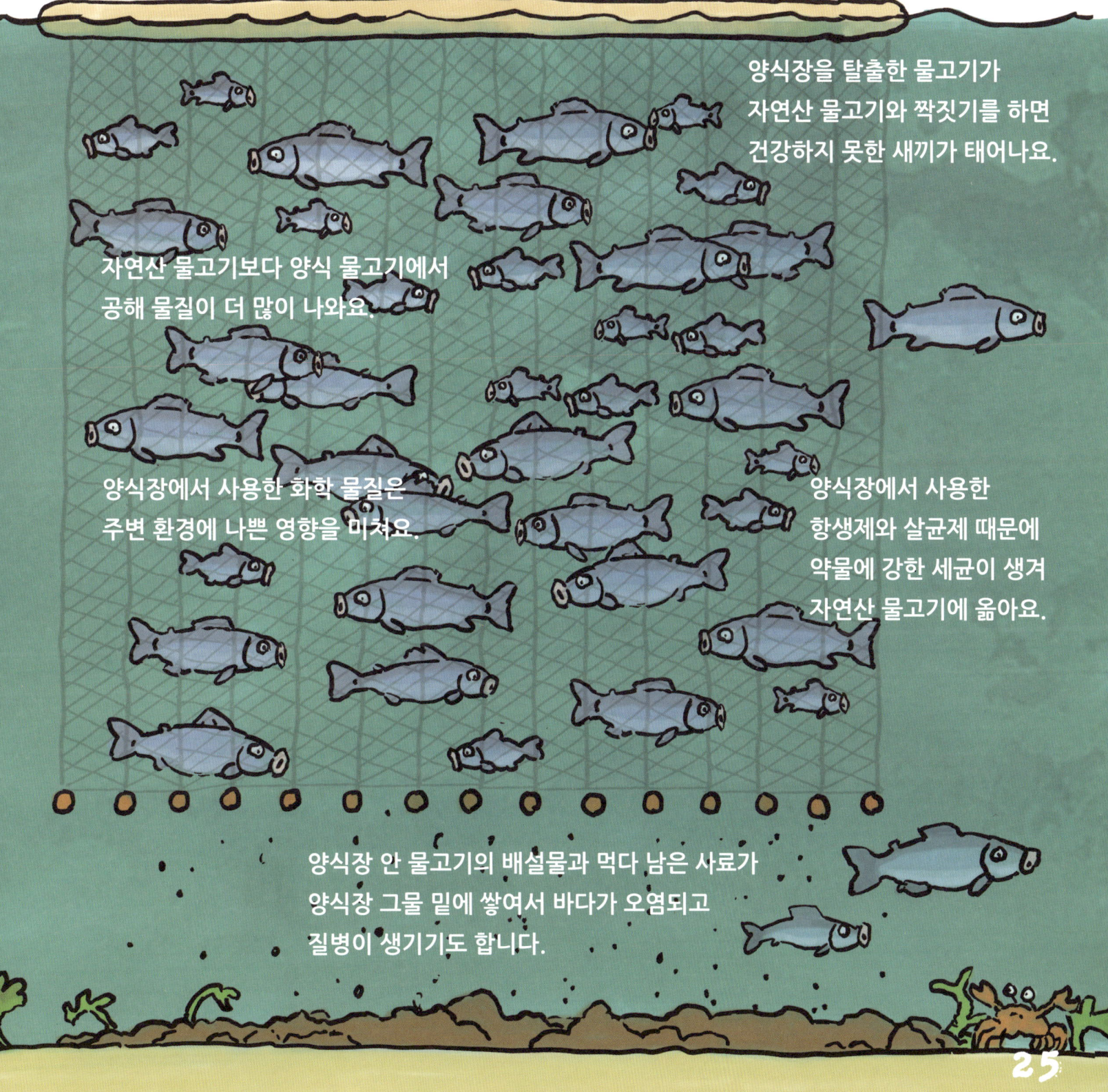

# 굴을 비롯한 **조개류**나 **해조류**도 양식장에서 키워요.

굴과 조개는 먹이 활동을 하면서 바닷물을 깨끗하게 걸러내 환경에 도움이 됩니다.

맹그로브 숲

새우 양식장

그러나 새우 양식업은 맹그로브 숲과 같은 해안 생태계를 파괴합니다.
새우 양식장이 맹그로브 숲의 자리를 차지하면서
지난 10년 동안 전 세계 맹그로브 숲의 35퍼센트가 파괴되었어요.

# 공장식 농장은 결국에는 땅을 황폐하게 만들어 사람과 동물이 살기 힘든 곳으로 만들어 버립니다.

지나치게 많은 가축을 방목하면
땅을 보호하는 풀밭을 가축들이 파괴해
흙이 바람에 날아가요.

더 넓은 경작지를 얻기 위해 바람을 막아 주는
숲을 베어 내면 농작물을 심기 위해
갈아 놓은 흙이 바람에 날아가 버려요.

**아마존** 같은 드넓은 **열대 우림**을 불태워
공장식 농장으로 사용하거나
**닭이나 돼지, 소** 등 **가축의 사료**로 쓸
**콩을 재배하는 경작지**로 만든다고 해요.
**팜나무**<sup>*</sup>를 심어 **값싼 기름**을 얻거나
**코코아**를 생산하려고
열대 우림을 파괴하기도 합니다.

숲을 불태워 농사를 짓거나 가축을 키우면 야생 동물의 서식지는 점점 줄어들고, 나무가 흡수하지 못하고 남은 이산화 탄소는 기후 변화에 영향을 미칩니다.

인구가 늘어나면 식량을 더 많이 생산해야 하지만 **공장식 농장**이 우리가 찾는 답은 아니에요.

유기 농업은 화학 비료, 살충제, 제초제를 쓰지 않기 때문에 환경에 미치는 영향을 줄일 수 있어요.

현재 전 세계에 공장식 농장은 10퍼센트 미만이에요. 90퍼센트가 넘는 약 5억 7천만 농가가 개인이나 가족 농가로 운영하고 있어요.

크고 작은 **도시 농장들**에서도
전 세계 식량 생산량의 **약 20퍼센트**를
생산할 수 있다고 해요.

도시에서도 주택의 화단이나 건물의 옥상, 동네 구석구석의 자투리땅, 사용하지 않는 오래된 철길 주변, 그 밖에도 사람이 쓰지 않는 땅을 경작지로 활용할 수 있어요.

또한 늘어나는 인구에 대비해
**놀라운 아이디어**와 **첨단 기술**로
**새로운 농사법**을 개발하고 있습니다.

수경 재배*는 농작물을 키우기 위해 배양액을 사용해요.
엘이디(LED)* 조명이 태양빛을 대신할 수 있어 버려진 광산에서 농작물을 키울 수 있어요.
선반을 이용해 농작물을 층층이 재배할 수 있어 땅이 좁은 것은 더 이상 문제가 되지 않습니다.

# 용어 설명

**가공**  원재료를 이용해 새로운 제품을 만들어 내거나 제품의 질을 높이는 과정.

**동물 복지**  동물이나 가축을 행복하게 살게 하는 것. 식용으로 기르는 소나 돼지, 닭 등의 가축을 최대한 깨끗한 환경에서 건강하게 키우는 것.

**맹그로브 숲**  열대 지역 바닷가에 있는 숲. 물고기들이 몸을 피하거나 알을 낳는 장소이며, 태풍이나 해일을 막아 준다.

**메탄가스**  동물이나 식물이 썩을 때 생기는 가스. 소와 같은 가축이 풀을 소화시킬 때도 많이 나온다. 이산화 탄소보다 강한 온실가스이다.

**박테리아**  아주 작은 단세포 생물체. 다른 생물체에 붙어서 병을 일으키기도 하고 발효나 부패 작용을 하기도 하여 생태계가 순환하는 데 중요한 역할을 한다.

**방목**  가축을 우리에 가두지 않고 자연에 놓아기르는 일.

**배설물**  똥이나 오줌, 땀 등 몸에서 나오는 물질.

**배양액**  식물이 자라는 데 필요한 영양분을 넣은 액체.

**살충제**  사람과 가축, 농작물에 해가 되는 벌레를 죽이거나 없애는 약.

**생태계**  어떤 장소에 사는 생물이 다른 생물 및 주변 환경과 서로 영향을 주고받는 것.

**수경 재배**  흙을 사용하지 않고 물과 영양분으로 만든 배양액 속에서 식물을 키우는 방법.

**수분**  식물이 씨를 만들기 위해 수술의 꽃가루가 암술머리에 옮겨 붙는 일. 곤충, 새, 바람 등에 의해 이루어진다.

**엘이디(LED)**  전기를 빛으로 바꿔 주는 장치.

**영양소**  생물이 정상적으로 자라는 데 필요한 영양분이 들어 있는 물질.

**온실가스**  공기를 오염시켜 지구를 덥게 만드는 기체로 이산화 탄소, 메탄가스 등이 있다. 온실가스가 너무 많아지면 급격한 지구 온난화의 원인이 된다.

**이산화 탄소**  화석 연료를 사용할 때 많이 나오며 지구 온난화의 원인인 온실가스가 생기는 데 큰 영향을 준다.

**인산염**  화학 비료의 원료로 식물이 자라는 데 필요한 물질이다.

**제초제**  농작물의 성장을 방해하는 잡초만 없애는 약.

**질산염**  화학 비료의 원료로 공기나 물을 오염시킨다.

**퇴비**  풀, 짚 또는 동물의 배설물을 썩혀서 만든 거름.

**팜나무**  열대 지방에서 자라는 나무로 식용유를 생산하기 위해 대량으로 재배한다.

**항생제**  사람이나 동물의 몸에 침입한 세균을 공격해 질병을 치료하는 약.